THÉODORE CHARVOT

SECRÉTAIRE DE LA SOCIÉTÉ ÉDUENNE
ANCIEN TRÉSORIER DE LA CAISSE D'ÉPARGNE

NOTICE

LUE A LA SÉANCE DU 16 FÉVRIER 1899

PAR

J.-G. BULLIOT

THÉODORE CHARVOT

SECRÉTAIRE DE LA SOCIÉTÉ ÉDUENNE
ANCIEN TRÉSORIER DE LA CAISSE D'ÉPARGNE

NOTICE

LUE A LA SÉANCE DU 16 FÉVRIER 1899

PAR

J.-G. BULLIOT

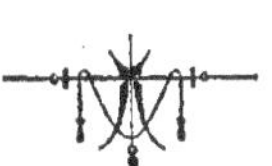

THÉODORE CHARVOT

SECRÉTAIRE DE LA SOCIÉTÉ ÉDUENNE

ANCIEN TRÉSORIER DE LA CAISSE D'ÉPARGNE

Notre bureau, si éprouvé depuis quelques années, vient encore de faire une perte sensible dans la personne de M. Théodore CHARVOT,[1] dont le concours aussi soutenu que silencieux ne se révélait que par des actes. Avec lui s'est éteinte une de ces existences

1. Son père J.-B. Charvot était un ancien soldat des guerres de l'Empire. Il fit partie du corps d'expédition qui, en 1806, défit et s'empara de Fra Diavolo, célèbre brigand calabrais, qui avait reçu un brevet de colonel pour combattre les armées françaises.

modestes, ennoblies par le travail sans trêve et la bienfaisance accomplie dans l'ombre. Formé par une mère chrétienne élevée à l'école de la célèbre Mère Javouhey, fondatrice de l'ordre de Saint-Joseph de Cluny, Charvot puisa dans l'éducation du foyer la dignité des sentiments, l'esprit de devoir, le sérieux de la vie. Dès quatorze ans, il apportait son tribut aux ressources de la famille ; le collégien se faisait professeur au sortir de classe, donnant des leçons de français et de latin à de plus jeunes élèves. C'est dire que les jours de congé n'existaient pas pour lui. Avec la pensée d'en faire sa carrière il s'adonnait en même temps à l'étude du violon, sous la direction de M. Commegrain, artiste de talent, mais dont il était prudent de ne pas mettre la patience à l'épreuve. Reçu bachelier en 1837, Charvot continua sans interruption sa vie laborieuse et fonda, en groupant ses amis, la première société orphéonique qu'ait connue notre ville. Cette société de chant, modeste comme les exécutants, tenait ses séances de répétition rue de la Jambe-de-Bois, dans une espèce de caveau humide, choisi par économie. La charité parfois s'y mettait d'accord avec la musique. Il me revient qu'un jour, à une des réunions, Charvot plaida devant les jeunes gens la cause d'une malheureuse ouvrière dans l'impossibilité de payer son loyer. Il émut son auditoire et, par une collecte puisée dans des bourses peu garnies, parvint quand même à tirer de peine sa protégée. C'était un début; ce rôle de pourvoyeur des nécessiteux a été celui de toute sa vie. Ce serait un livre à écrire s'il ne devait rester fermé.

Comme professeur de musique il se fit toujours une obligation de soutenir avec zèle les sociétés symphoniques qui ont tenté d'entretenir ou de développer à Autun le culte d'un art, expression peut-être la plus délicate de la civilisation. Mais pour arriver à rendre la pensée des maîtres il faut des efforts soutenus, l'assiduité aux répétitions qui a toujours été chez nous l'écueil de ces tentatives. Notre collègue n'hésitait jamais à sacrifier ses intérêts à la ponctualité.

Les artistes étrangers avaient souvent recours à son obligeance pour préparer leurs concerts, sûrs de son appui. Parmi ces artistes pourrions-nous oublier les premiers concerts de Mlle Vény, devenue Mme Charvot? Pourrions-nous oublier cette période musicale incomparable dont cinquante années nous séparent? Beaucoup d'entre vous, Messieurs, sont trop jeunes pour avoir assisté à ces auditions, mais pour ceux qui ont eu cette bonne fortune, ils se souviennent des émouvantes interprétations de Beethoven qui semblaient une révélation. Ils se souviennent de la formation d'un orchestre, sous la magistrale direction de M. Vény, dont j'appelle de tous mes vœux une seconde édition à Autun.

La droiture du caractère de Charvot lui attirait dès l'abord l'estime et la sympathie; il était reçu comme un ami dans les châteaux de la Nièvre et de l'Autunois qu'il visitait chaque année pour l'entretien des pianos.

Ses rares qualités le firent choisir pour
gérer la caisse d'épargne dont il fut trésorier
pendant près de quarante ans. Il tint les
comptes avec un scrupule qui lui attirait
chaque année les éloges des vérificateurs.
Chacun sait qu'en France la politique est tout,
le mérite et les services, rien. Ce poste lui
fut enlevé plus que brusquement. Sa gestion
avait été une providence pour les petites
bourses. Non seulement il était le receveur
de l'épargne, mais son serviteur et son con-
seiller. Sa bienveillance acquise à tous les
déposants le portait à leur éviter les déplace-
ments pénibles ou onéreux ; dans ce but il ne
reculait pas devant une avance de fonds per-
sonnels. De pauvres femmes, des servantes
embarrassées pour gérer leur modeste capital
s'adressaient à lui avec confiance. Il leur indi-
quait les moyens les plus sûrs d'en tirer bon
parti et se chargeait de toutes les démarches.
Plus d'une aujourd'hui bénit sa mémoire en
touchant le revenu qui assure le pain de sa
vieillesse. Ce qu'il a fait pour les cas par-

ticuliers, il l'a fait partout où il a mis la main.

Secrétaire et trésorier de l'Association des anciens élèves du collège dès son origine, c'est à lui surtout qu'elle doit sa prospérité. Il ne se bornait point à faire rentrer les cotisations, à tenir ses comptes rigoureusement en ordre, mais à chaque fin d'année il suivait la liste des élèves sortants, prenait note de ceux à qui leur position permettait de s'agréger plus facilement à l'Association et n'épargnait dès lors ni lettres, ni démarches pour les enrôler.

Comme secrétaire de la Société Éduenne il l'a servie avec le même dévouement persévérant, veillant avec une exactitude irréprochable à tous les détails de son ressort. C'est à ses instances réitérées que nous devons d'avoir achevé le catalogue du musée lapidaire, commencé avec l'aide de son frère, et celui de l'hôtel Rolin. Il était l'ouvrier assidu, toujours prêt pour l'action ; trois mille fiches ont été écrites de sa main.

Une vie si bien remplie méritait une fin digne de son passé. Admirable de patience et de résignation pendant sa dernière maladie, il ne savait comment remercier ceux qui se pressaient à son chevet. Il s'est éteint en parfait chrétien, paisiblement, sans agonie, le 29 novembre dernier, dans sa soixante-dix-neuvième année.

Ses anciens élèves du petit Séminaire, où il avait professé pendant cinquante-deux ans, ont tenu à lui donner un dernier témoignage de reconnaissance en associant leurs voix à la messe de *Requiem*. Le recueillement de l'assistance nombreuse à ses obsèques contrastait avec les conversations bruyantes qu'on entend trop souvent dans les convois sans respect pour le deuil même des parents.

Autun. — Imp. Dejussieu.